Un conte écrit et raconté par

Marlène Jobert

Panique chez les sorcières

Pour faire aimer la musique de

J.-S. BACH

Illustration : Dušan Pavlić

ÉCOLE
ÉCOLE

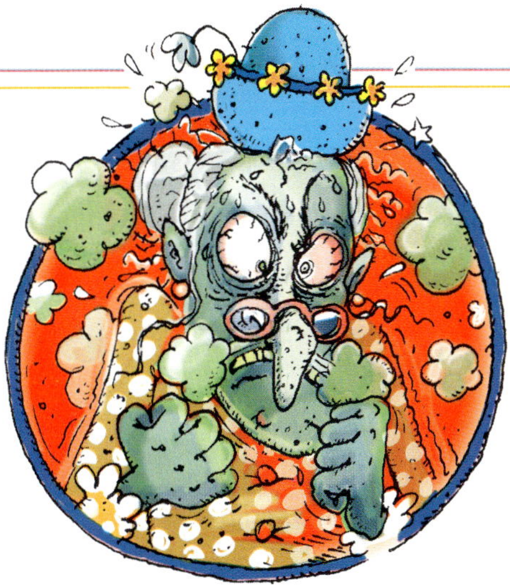

Savez-vous pourquoi, quand nous écoutons de la musique, les sorcières ne viennent jamais nous embêter ?...

Parce que la musique a un pouvoir terrible sur elles...

Dès la première note, elle les transforme en statue.

L'autre jour par exemple, une de ces affreuses diablesses s'était déguisée en mignonne petite grand-mère, pour attendre les enfants à la sortie de l'école.

Elle avait l'intention de les changer en sauterelles, et elle se réjouissait déjà en les imaginant devenus verts et sautillant dans tous les sens.

Seulement voilà !... une mauvaise surprise l'attendait... Dans cette école, ce n'est pas une sonnerie qui annonce la fin des classes, mais une musique.

Cette musique s'est échappée par les fenêtres si soudainement... que la sorcière n'a pas eu le temps de prononcer sa formule maléfique, ni de se sauver !... Elle s'est retrouvée immédiatement figée, dure comme de la pierre. Elle a dû rester ainsi, sans pouvoir bouger même un poil de sourcil... jusqu'à ce que la musique s'arrête complètement...

Les enfants étaient tous partis depuis longtemps, qu'elle attendait toujours sur le trottoir. En plus, elle était tellement vexée de s'être fait piéger, que de la fumée verte lui sortait par les trous de nez...

Elle n'avait pas l'air ridicule, tiens !

Cette musique qui les paralyse, les sorcières la détestent. Et pour nous empêcher d'en jouer ou d'en écouter, elles sont capables de tout ;

La nuit, elles collent les touches des pianos avec de la bave d'escargot, elles cassent les archets des violons pour s'en faire des fagots, elles piétinent les harpes et les guitares à coups de sabots, elles bouchent les flûtes avec des crottes de corbeau... Elles nous en font voir de toutes les couleurs ! Ah, les mauvaises! De vraies punaises... A l'opéra l'autre soir, juste avant que le concert commence... devinez QUI a fait pleuvoir des araignées ?

Toutes ces bestioles grouillantes dans les cheveux des messieurs ! Aahhh !... et dans le décolleté des dames, OUGNIAGNIAGNIA !

Ah! les diablesses, elles ont dû bien rigoler !

Seulement aujourd'hui, elles font moins les malignes...

Elles ne peuvent pas sortir de chez elles sans entendre jouer des musiciens. Partout on répète, partout on se prépare...

Demain, c'est la fête de la musique. Dans les rues, dans les squares, dans les écoles, et jusque dans les bistrots on jouera du Jean-Sébastien BACH... c'est le compositeur qui a été choisi cette année... et de toutes les maisons s'échappent déjà des mélodies magnifiques...

EXIT

De toutes les maisons sauf, bien sûr, de cette bâtisse en ruine rue des Tempêtes, que tout le monde croit abandonnée, mais où habitent quatre sœurs sorcières.

- *Allez ! A cheval sur vos balais !... on va faire un tour ! C'est bientôt midi, ils vont forcément arrêter leur musique de malheur pour déjeuner !* dit la plus vieille.

- *M'ouai ! et pendant qu'ils mangeront, on va s'occuper d'eux !* menace la plus poilue.

- *On ramassera du crottin de poney qu'on leur mettra dans les oreilles pour qu'ils ne s'entendent plus jouer !* se réjouit la plus bossue.

- *Oh non ! vous n'allez pas faire ça !* s'exclame Fleur de Nulle la plus jeune des sorcières.

- *ET POURQUOI ?*

- *Ben ! s'ils ne s'entendent plus, ils vont jouer faux !*

- *ET ALORS !*

- *C'est dommage, moi j'aime bien la musique !*

- *Elle aime bien la musique !* aboie la plus bossue en la giflant.

- *Elle aime bien la musique !* grince la plus poilue en la pinçant.

- *Elle aime bien la musique, et elle OSE nous le dire en plus ! mais elle se fiche de nous !* rugit la plus vieille qui est aussi la plus cruelle.

En se tournant vers les deux autres, elle ajoute ;

- *On va l'enfermer une bonne fois pour toutes !*

Et les trois abominables sorcières jettent leur jeune sœur dans la cave.

Puis de leur jolie voix de casserole, elles baragouinent ;

- *Trois trois trois, 333 verrous rouillés, grouillez-vous d'vous verrouiller.*

Aussitôt, avec un grincement effroyable, les 333 serrures de l'énorme porte obéissent ; elles se ferment.

Fleur de Nulle est habituée à la méchanceté de ses sœurs.

Ces trois-là sont nées vieilles et laides dans une flaque de boue, comme toutes les sorcières, tandis qu'elle est née jeune et jolie dans une goutte de rosée. Même avec des épluchures de carottes dans les cheveux et le visage barbouillé de confiture de limace, elle reste ravissante.

Et ce n'est pas tout ; chaque fois qu'elle jette un mauvais sort, il se passe exactement le contraire de ce qui devrait arriver !

Hier soir encore, c'était son tour de répéter la formule qui fait faire des cauchemars. Elle avait pourtant dit ce que ses sœurs lui avaient appris ;

- *Œil de rat frit, lézard noir, furies qui crient, fesses de cafards !*

Eh bien, c'était encore raté ! Tous les enfants se sont réveillés en racontant des rêves merveilleux, et en trouvant en plus sur leur oreiller... des caramels délicieux.

Elle est nulle, vraiment nulle, archi-nulle, tellement nulle, que ses sœurs l'ont appelée FLEUR DE NULLE.

Pourtant notre petite sorcière possède un joli don. Un pouvoir magique qui n'appartient qu'à elle. Et quand vous le connaîtrez, vous comprendrez pourquoi elle l'a toujours caché à ses sœurs. Il lui suffit de chuchoter :

- *"Douce mousse rousse, pousse où la source glouglousse"*
et dans un tourbillon de minuscules étoiles dorées, une FLÛTE apparaît.

Sans jamais avoir appris, elle en joue divinement bien...

Et pour que d'autres instruments viennent lui tenir compagnie, elle ajoute ;

- *"Par les six fils d'Anaïs, que mes complices Ulysse, Narcisse et Isis agissent"*... et aussitôt un violon, un clavecin, et un violoncelle, apparaissent à leur tour.

Dès qu'elle est seule, Fleur de Nulle aime jouer du Jean-Sébastien Bach. Ce compositeur est son préféré. Elle était tellement heureuse que cette année, on l'ait choisi, lui, pour la fête de la musique... et voilà qu'à cause de ses abominables sœurs qui l'ont enfermée, elle ne va pas pouvoir en profiter. Et toutes ces œuvres que Bach a écrites pour la flûte... et qu'elle avait si bien répétées... comme cette "badinerie" par exemple...

Là haut, l'humeur de nos trois sorcières ne s'est pas radoucie, au contraire...Elles sont rentrées catastrophées, déprimées, écœurées.

Elles n'ont même pas eu envie de toucher à leur dîner ; une savoureuse soupe d'asticots au goudron, pourtant !...

Vingt fois aujourd'hui elles ont essayé de nous empoisonner la vie, et chaque fois la musique les a transformées en statue.

A aucun moment, elles n'ont pu faire leur sale boulot de sorcière.

Il faut que vous sachiez une chose ; ce n'est pas uniquement pour leur plaisir qu'elles nous font souffrir... elles y sont obligées... c'est une loi chez les diablesses. Parce que si elles n'y arrivent pas, elles rapetissent, rapetissent, rapetissent, rapetissent et disparaissent.

Si avant minuit, ces trois là ne réussissent pas une méchanceté, elles se coucheront déjà bien ratatinées, leur taille aura diminué de moitié, et demain, leur rétrécissement va s'accélérer : le matin... elles vont se réveiller aussi petite que votre main. A midi... elles seront aussi minuscules qu'une poussière. Et le soir... eh bien le soir, elles n'existeront plus, voilà !

Voilà aussi pourquoi à l'heure qu'il est, c'est la PANIQUE chez les sorcières!

La plus vieille s'étouffe en avalant ses deux dernières dents.

La plus poilue s'arrache une touffe de poils qui dépassait de son gros nez.

Et la plus bossue est tellement énervée, qu'elle se cogne partout :

- *On est fichues, nom d'une colique !*... et SCHLAFFF ! La tête dans le mur de briques.

- *Mais qu'est ce qu'on va faire, nom d'une serpillière !* Et BIIIIGGG ! le coude dans le lampadaire... *Faut trouver une idée... nom d'une chaussette trouée !* Et BOOUUMM, le genou dans le tabouret. Ah là ! Je crois qu'elle l'a cassé ! Non, pas son genou ...le tabouret.

- Une idée, une idée ? Mais laquelle nom d'une poubelle ? Laquelle ?
Je cherche, je cherche, j'ai la cervelle aussi molle qu'un caramel...
On n'peut rien faire avec cette saleté de musique !... Non, on est fichues, demain on n'existera même plus ! pleure la plus poilue en se bavant dessus...

- AH ? AH ? AH ! AH ! AH ! ce rire terrifiant qui vient d'éclater tout à coup est celui de la plus vieille, la plus rusée, la plus cruelle.

- Ne vous inquiétez pas mes toutes belles, j'ai l'étincelle... Une idée géniale... Ah, ah, ah ! Et elle chuchote son plan à l'oreille de ses sœurs ...

Dans la cave, Fleur de Nulle sursaute. La haut, les trois abominables se sont mises à danser. Elles font un bruit d'enfer.

Et puis plus rien... le silence soudain.

Où sont-elles allées ? Qu'ont elles trouvé de si réjouissant à faire tout à coup ? Qui vont-elles encore torturer ?

La petite sorcière frissonne à l'idée qu'elle restera peut-être enfermée ici toute sa vie.

Ses sœurs l'ont toujours détestée... mais aujourd'hui, leur jalousie est plus violente que jamais. Quelle humeur épouvantable ce matin !... C'était tout un spectacle que de les voir discuter entre elles ; des jets de fumée de toutes les couleurs leur sortaient de partout... un feu d'artifice de rage !

- *Et pourquoi la musique ne la paralyse pas, ELLE, hein ?*

- *Et pourquoi ELLE, elle peut voler sans balai, et pas nous, hein ?*

- *Et pourquoi, ELLE, elle ne rapetisse jamais, hein ? alors qu'elle est bonne à rien. Même pas capable de faire une petite grimace à une mouche ?*

Et gnagnagna... et gnagnagna... et gnagnagna. Oh ! les mauvaises !

Fleur de Nulle dans sa prison, se pose aussi des questions ;

- *Pourquoi suis-je si différente de mes sœurs ? Pourquoi, chaque fois que je jette un mauvais sort, il se produit une surprise agréable ?... Je suis tout le contraire d'une sorcière ! Je suis peut-être... et si j'étais... une fée ?...*

Et tout en rêvant à cette drôle d'idée qui la fait rosir de plaisir, elle chuchote :

- *Douce mousse rousse pousse où la source glouglousse, par les six fils d'Anaïs que mes complices Ulysse, Narcisse et Isis agissent.*

Et elle reprend avec ses complices "la badinerie" de Bach.

Elle l'adore cette badinerie ! Sa gaîté si entraînante l'enchante. Dès qu'elle la joue, tout de suite elle retrouve sa joie de vivre...

Une dégringolade de sabots dans les escaliers l'interrompt. Les trois teignes sont de retour. Elles gloussent de satisfaction, comme chaque fois qu'elles reviennent d'un mauvais coup.

- *Trois trois trois, 333 verrous rouillés, grouillez-vous d'vous déverrouiller.*

La porte s'ouvre, juste le temps de jeter six énormes sacs, et......

- *Trois trois trois, 333 verrous rouillés, grouillez-vous d'vous verrouiller !*

Et tout excitées de joie, elles remontent les marches trois par trois.

La petite sorcière aimerait bien savoir ce que contiennent ces sacs. Bien qu'ils soient immenses, ils paraissent très légers.

Elle dénoue les ficelles et... vous ne devinerez jamais ce qu'elle découvre à l'intérieur...

Des milliers, des milliers... mille milliers de notes de musique, toutes tassées, coincées, froissées, mélangées.

Les trois abominables ont volé toutes les notes qui étaient écrites sur les partitions.

Vous devez vous demander comment elles y sont arrivées ?... Mais avec leur souffle évidemment !... Le souffle des sorcières est d'une puissance extraordinaire ! En moins de deux, HUUIIIT! elles peuvent aspirer tout ce qu'elles veulent.

Cette fois, elles ont été plus diaboliques que jamais. Pour que la musique ne puisse pas les changer en statue, il a fallu qu'elles agissent de très loin. Alors elles ont choisi la tour la plus haute de la ville, celle aux 333 étages. Elles ont atterri sur le toit avec leur balai... et là, elles ont baragouiné :

- *Dorémifasollasido, croches clés et dièses, allégrofortissimopresto, dans la bouche des punaises.* Puis elles ont aspiré...HUUUIIIT !...

Aussitôt, des kilomètres et des kilomètres de notes se sont échappées de partout pour venir s'engouffrer dans leurs bouches.

Leurs bouches se remplissaient à toute allure, et à toute allure, les trois diablesses recrachaient les notes dans les sacs. Aspirer-cracher, aspirer-cracher, aspirer-cracher, et vite vite vite... il fallait à tout prix qu'elles réussissent... et elles ont gagné...

Demain la fête de la musique sera gâchée... et elles pourront recommencer à nous empoisonner la vie...

Et maintenant dans la ruine de la rue des Tempêtes, les trois affreuses fêtent leur victoire ; elles se tordent de rire. La plus velue se roule par terre, la plus bossue se tape sur les cuisses, quant à la plus vieille, vous savez quoi ?...elle en fait pipi dans sa culotte.

Soudain....

Les sorcières n'en croient pas leurs oreilles... Pourtant, c'est bien de la cave que leur parvient cette musique !... Imaginez les... surprises en plein fou rire, obligées de rester la bouche grande ouverte jusqu'à la dernière note de la mélodie...

Le silence revenu, vite, vite, elles descendent ;

- Trois trois trois, 333 verrous rouillés, grouillez-vous d'vous déverrouiller.

La porte s'ouvre... tout est noir et silencieux. Elles entrent et ....

Mais c'est Fleur de Nulle l'archinulle qui joue de la flûte ! Et oui !

Et ces instruments de musique suspendus dans l'air, d'où viennent-ils ? Ils sont magiques !

Tous en effet sont enveloppés d'une brume lumineuse ; la cave est éblouie de clarté. Les sorcières ferment les paupières ; c'est bien tout ce qu'elles peuvent encore bouger, le reste est déjà complètement figé...

Quel concert étrange !... Les notes s'évadent des sacs, et tout en dansant dans l'espace au rythme de la musique, elles vont se réfugier dans chacun des instruments. Ça alors !..

Fleur de Nulle, sans cesser de jouer, passe sous le nez de ses sœurs statufiées, franchit la porte et tranquillement... s'en va.

Une fois dehors, comme aspirée par le ciel bleu marine, elle s'envole suivie de ses instruments magiques, au dessus des maisons, des rues et des arbres, distribuant partout une pluie de notes...

Et ces notes retrouveront toutes leur partition.

Dites-moi ? A votre avis... QUI est capable d'un exploit aussi généreux, hein ? Sûrement pas une sorcière... plutôt une fée, non ?

Grâce à cette petite fée, la fête de la musique sera célébrée... mais ce sera au tour de Jean-Sébastien Bach cette fois de nous "ensorceler" !

Sa musique enchantera tous ceux qui auront la chance de l'écouter.

Quant aux vraies sorcières... aux "abominables minables de la rue des Tempêtes", elles viennent de rater leur dernière chance de survivre !
Alors on ne les reverra plus jamais...

Pour les autres, celles qui rodent près de chez vous... Vous savez maintenant comment les piéger !... C'est simple... la "musique"...

Mettez le son à fond, et tra-lalali-lalère, du balai les sorcières...

Débrouillez-vous pour que toujours la musique vous entoure, et soyez absolument certains que c'est bien le seul moyen pour qu'elles vous fichent la paix !..

FIN

Édité par :
Éditions Glénat

Services éditoriaux et commerciaux :
Éditions Glénat
31-33 rue Ernest Renan
92130 Issy-les-Moulineaux

Couverture : Les Quatre Lunes
Loi n°49-956 du 16 juillet 1949
sur les publications destinées
à la jeunesse

Imprimé en CEE
Dépôt légal : mars 2002
Achevé d'imprimer : mars 2002
ISBN : 2.7234.3365.X